PARISIENNE
RAC
46.DELATION
COMPOTE DE S.D.F !

BOUCHERIE GABARINA
Tél. 46 07 07 88
73
BOUCHERIE
VIANDE HALLAL
TAMOULS EN PURÉE
INTOUCHABLES EN CROÛTE !

ERIE VO AILL
OUCHER
RIS
ERIE RÔTISSERIE
TCHÈTCHÈNE RÔTI
35'
Pièce

BOUCHERIE CHARCUTERIE PLA
BOUCHERIE
chez BENJAMIN
CHAR
CACHER
FERMÉ POUR CAUSE DE PREPARATION DE LA "GELÉE DE PROCESSUS DE PAIX"
"MOUSSE DE PALESTINIEN" CACHÈRE

erie
ONGO
VOLAILLES
PETIT PEUPLE À "L'ÉTOUFFÉ"

BOUCHERIE DU F.I.S.
JOURNALISTES FRAÎCHEMENT ÉGORGÉS !
TÊTE D'ÉVÊQUE MARINÉE !

Pour Günter

ATTENTION ÉCOLE

POUR TOUS ?..

BROUCK 2002

chez BROUCK
Boucherie - Charcuterie

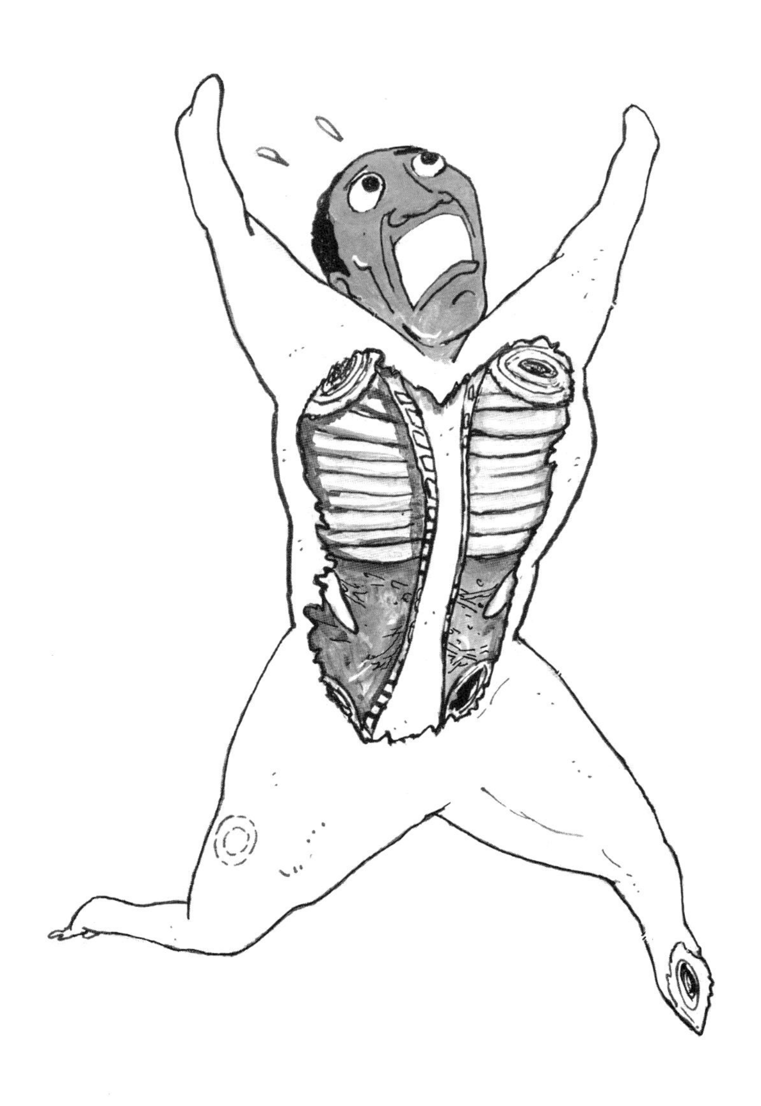

**EDITÉ PAR L'AUTEUR**

131, rue de Verdun
95240 Cormeilles-en-Parisis
ISBN : 2-9501636-6-1

BROUCKERIE-CHARCUTERIE
LE PEN
PRESIDENT
BARROS 96

BIENVENUE EN
FRANCE
BZZ
BZZ
GRR!
BROUCK
2 F.
pour
nanger S.V.P.
DECLARATION DES DROITS DE L'HOMME
ART. I
ART. IV
ART II
ART V
ART III
ART VI

FRANCE
ANCIENNE
TERRE D'ASILE
BROUCK

FRIC
HOTELS
COMMERCES
$
STOP
INTERDIT
AUX NOMADES - MENDIANTS-
HANDICAPÉS - S.D.F. - SALES-
HIRSUTES - PAUVRES - TROP
BRONZÉS - MALADES - MAL PENSANTS
ETC..
MONTREZ PATT
BLANCHE (et bie
lavée
MOUNA
HIGELIN
EINSTEIN
RIMBAUD
SDF
MICHEL PETRUCIANI
D.A.L.
BROUCK

MENDICITÉ
TOLÉRÉE
DANS CET ESPACE
POUR
MANGER
S.V.P.
BROUCK

JESUS, JESUS, JÉ-ÉSUS REVIENT...
JESUS REVIENT PARMI LES SIENS...

RETRAITE?
CHÔMAGE
LICENCIEMENT
EXCLUSION
PUTAIN!.. QUELLE AMBIANCE!...
2 F. pour manger S.V.P.
BROUCK

17 Octobre
JOURNÉE DU REFUS DE LA MISÈRE
16 - 22 Octobre
SEMAINE DU GOÛT
BROUCK

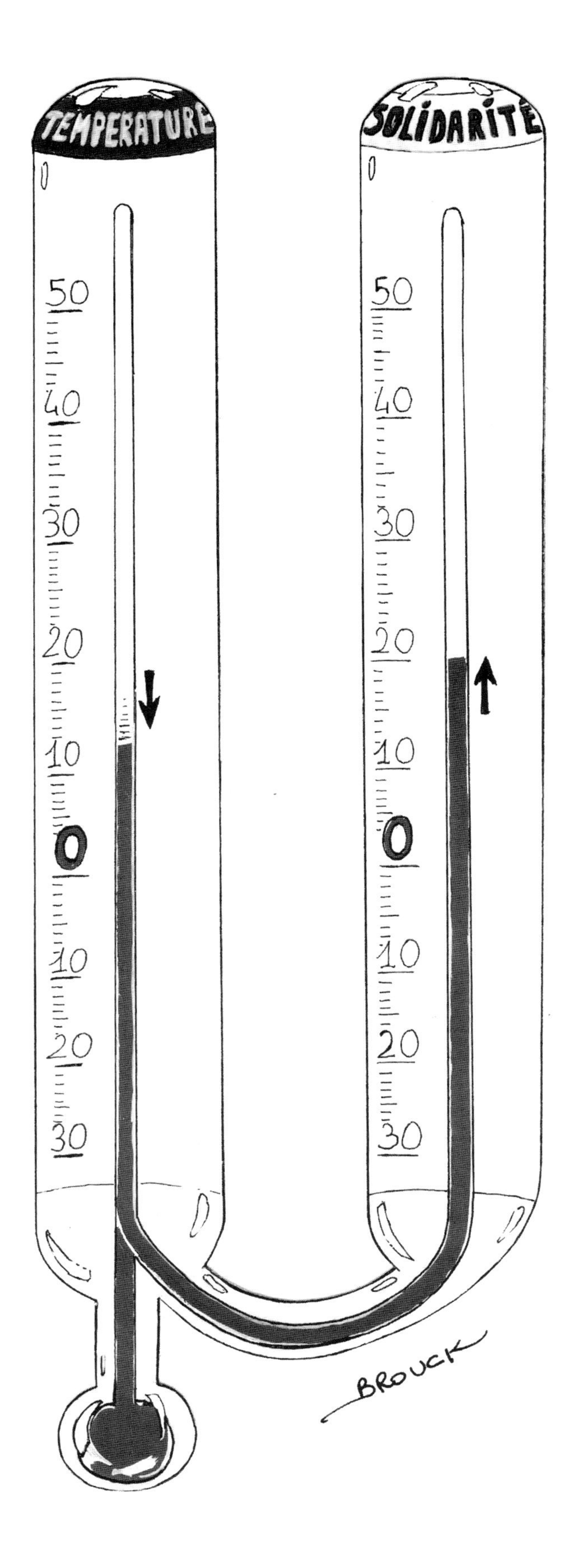
TEMPERATURE
SOLIDARITÉ
50
40
30
20
10
0
10
20
30
50
40
30
20
10
0
10
20
30
BROUCK

# HAUTE COUTURE

COLLECTION S.D.F.
YVES SAINT LAURENT
COLLECTION
S.D.F.
Yves St LAURENT
2F
POUR MANGER
BROUCK

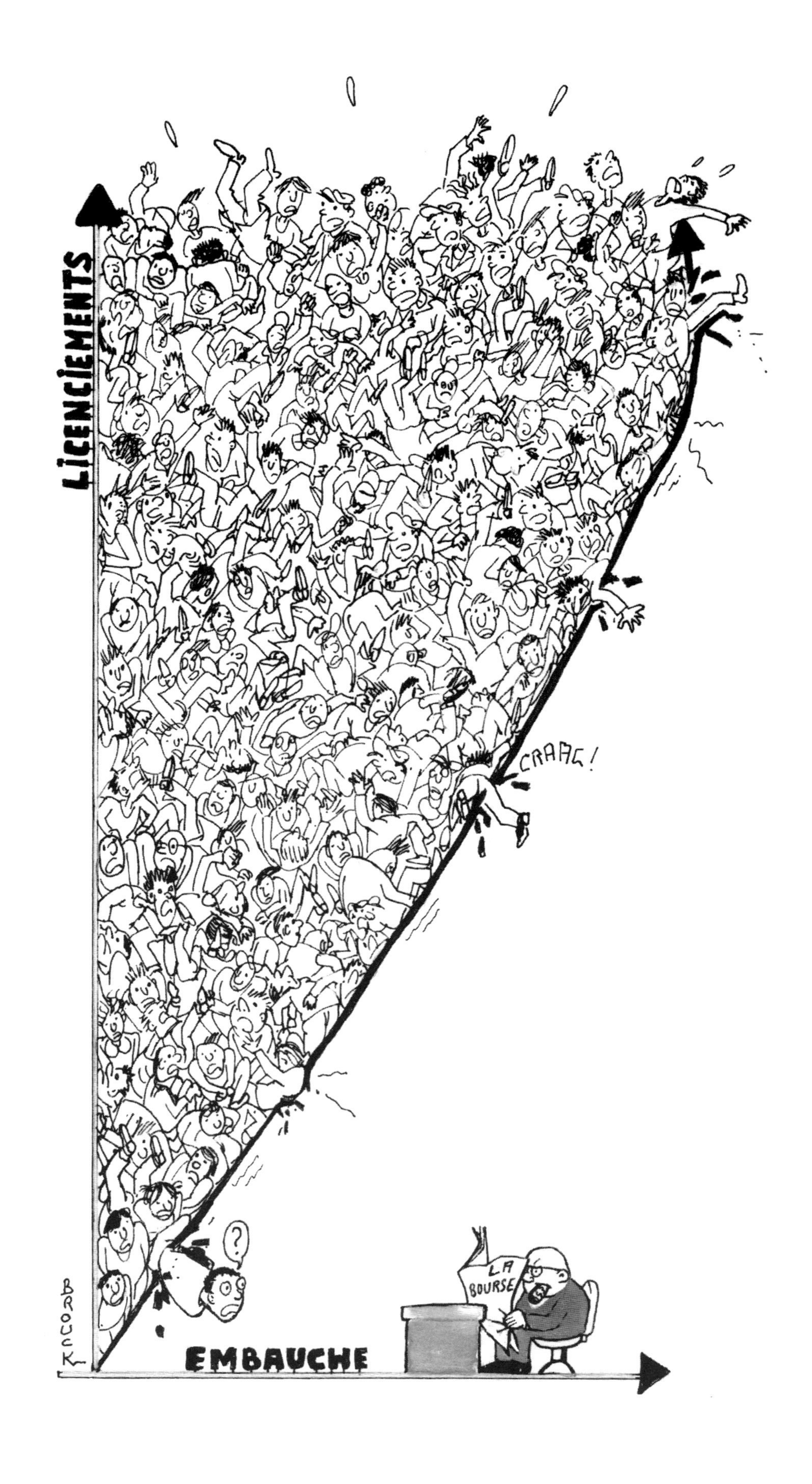
LICENCIEMENTS
CRAAG!
?
LA BOURSE
EMBAUCHE
BROUCK

FRIC
FRIC
BOURSE
$
1F
1F

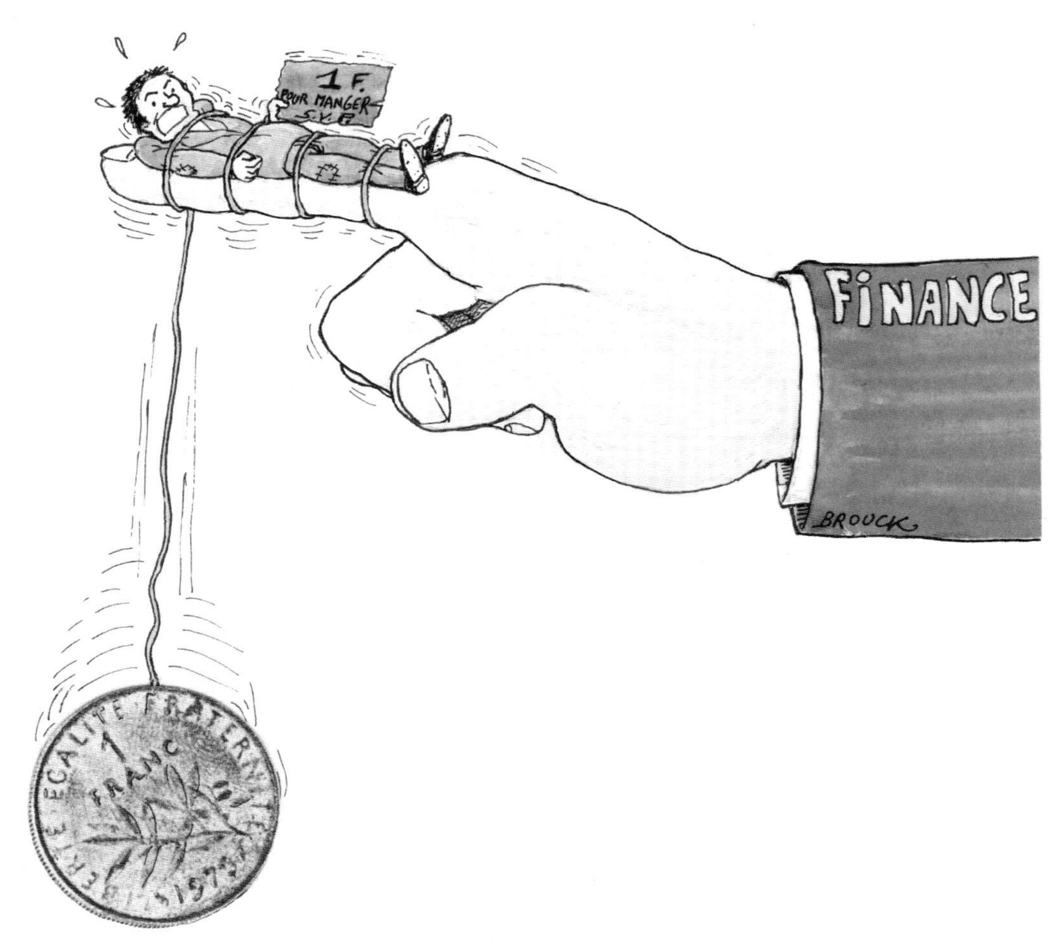
1 F.
POUR MANGER
S.V.P.
FINANCE
EGALITE FRATERNITE
1 FRANC
BROUCK

C'EST VOUS LE RESPONSABLE DU CHÔMAGE !
SALAUD !
JE SUIS SMICARD
AIDEZ MOI
BROUCK

T.V.A
20,6
CLING !
AUGMENTATIONS
- TABAC
- CHOCOLAT
- BEURRE
- SUPER
- HUILE
- PILES
- PNEUS
- BAS
- PAPETERIE
- VIANDE
- METRO
- BUS
- ESSENCE
- LINGERIE
- FROMAGE
- PAPIER
- PEINTURE
- PAIN
- BEURRE
- HUILE
- YAOURTS
- GASOIL
- ETC.
BROUCK

Chômeurs Longue Durée,
devenez C.I.E!
C.I.E.
A.N.P.E.
CLAC
Contrat pour un vrai emploi

S.D.F.
C.D.D.
A.N.P.E.
R.M.I.
S.D.F.
C.D.D.
A.N.P.E.
C.E.S.
BROUCK

La situation s'arrange,
il y a **MOINS DE CHOMEURS !**

CHÔMAGE

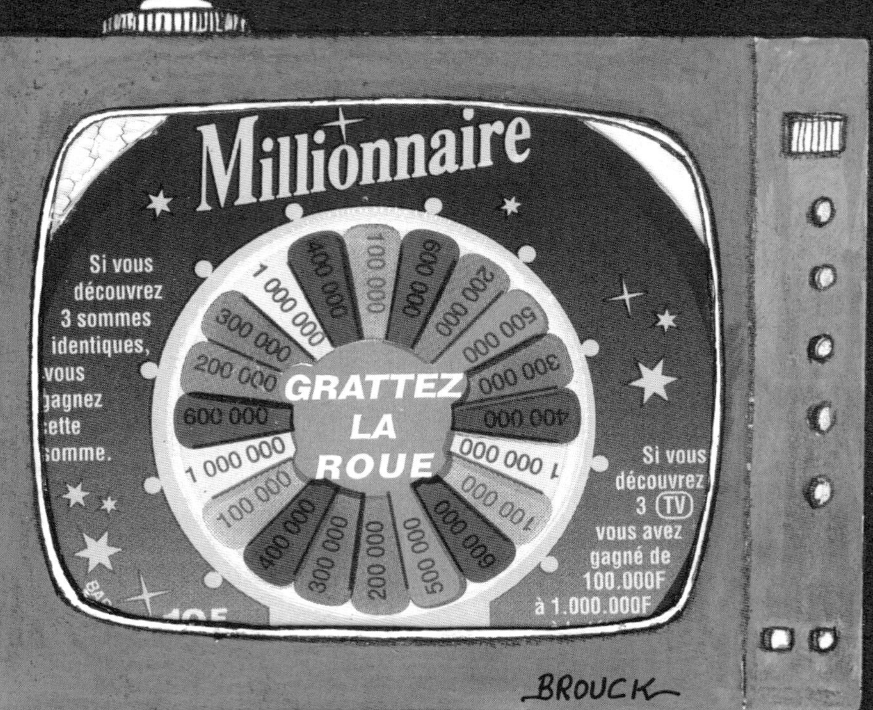
Millionnaire
Si vous
découvrez
3 sommes
identiques,
vous
gagnez
ette
somme.
GRATTEZ
LA
ROUE
Si vous
découvrez
3 TV
vous avez
gagné de
100.000F
à 1.000.000F
BROUCK

CES
C.I.E.
STAGE
STAGE
STAGE
STAGE
CES
S.I.V.P.
ASSEDIC
C.I.P.
ASSEDIC

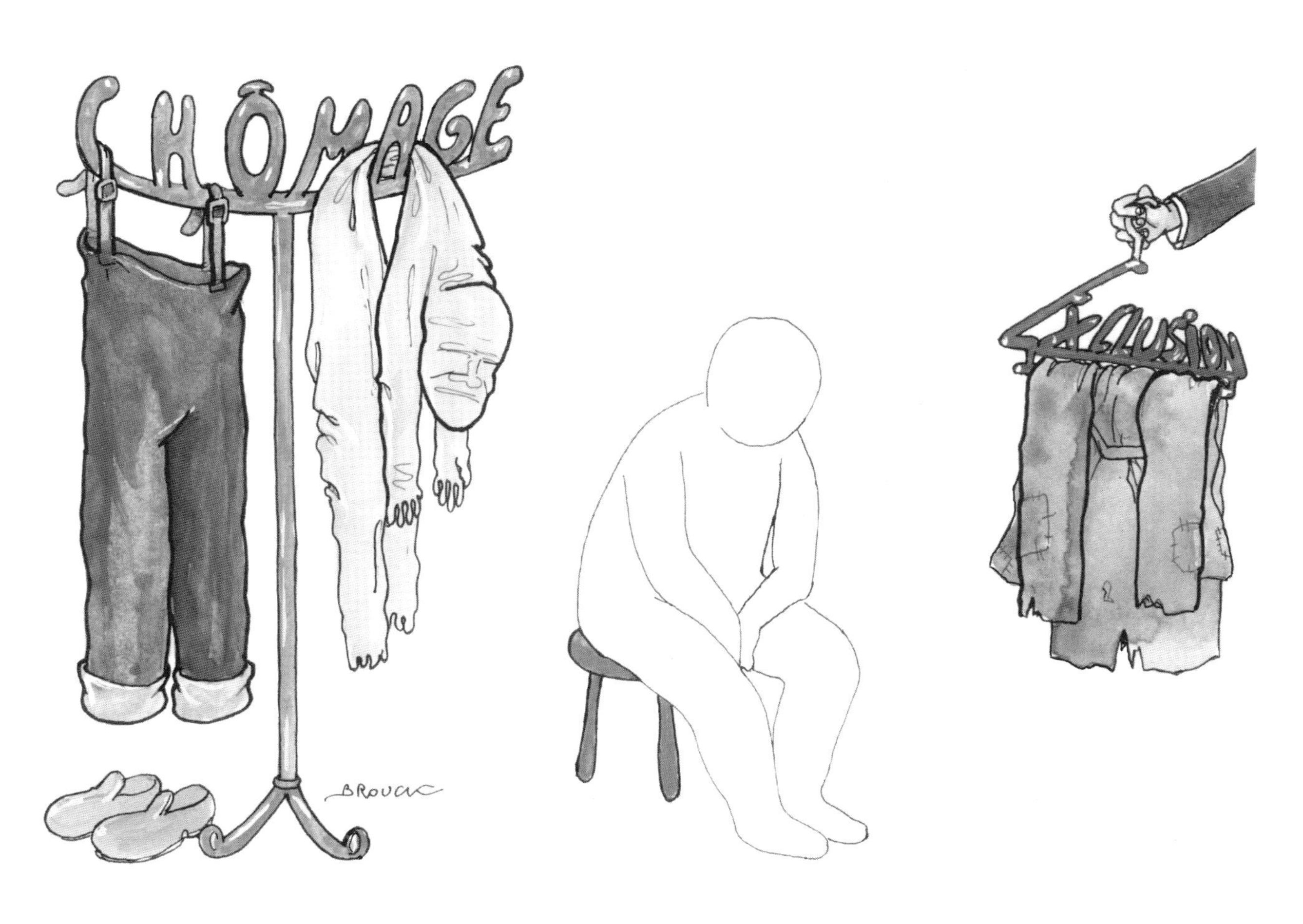
CHÔMAGE
BROUCK
EXCLUSION

BROUCK

IL FAUT RÉDUIRE LA FRACTURE SOCIALE !!
EUH... J'AI PEUR QU'IL SOIT DÉJÀ TROP TARD!..
home sweet home
Sam Suffit
Chez moi
BROUCK

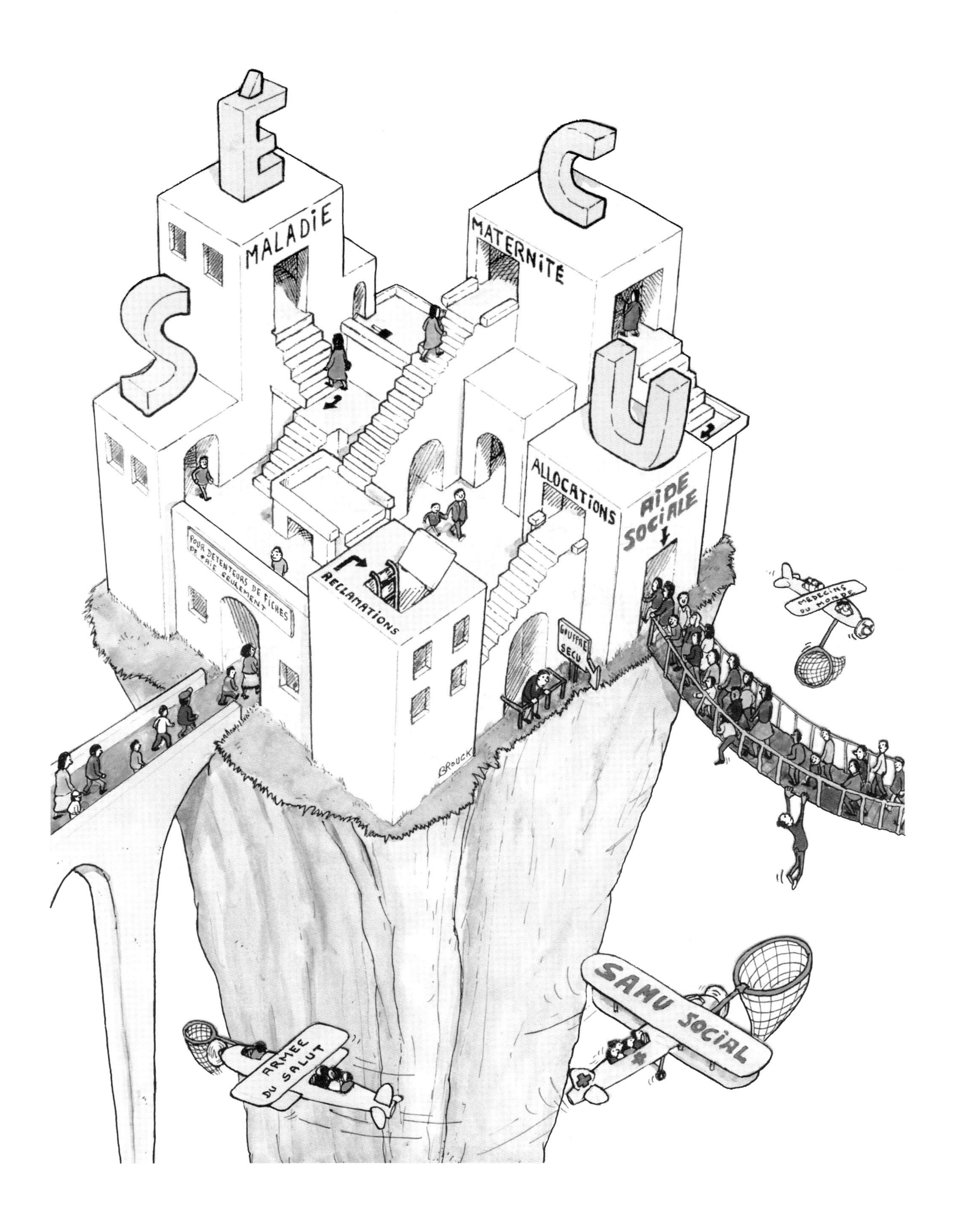
S
E
C
U
MALADIE
MATERNITÉ
ALLOCATIONS
AIDE SOCIALE
POUR DETENTEURS DE FICHES DE PAIE SEULEMENT
RECLAMATIONS
GOUFFRE SECU
MEDECINS DU MONDE
SAMU SOCIAL
ARMEE DU SALUT
BROUCK

ENSEMBLE POUR SAUVER NOTRE PROTECTION SOCIALE!
BROUCK

à manger s.v.p

un toit s.v.p

un boulot s.v.p.

# TUBERCULOSE
## *le retour*

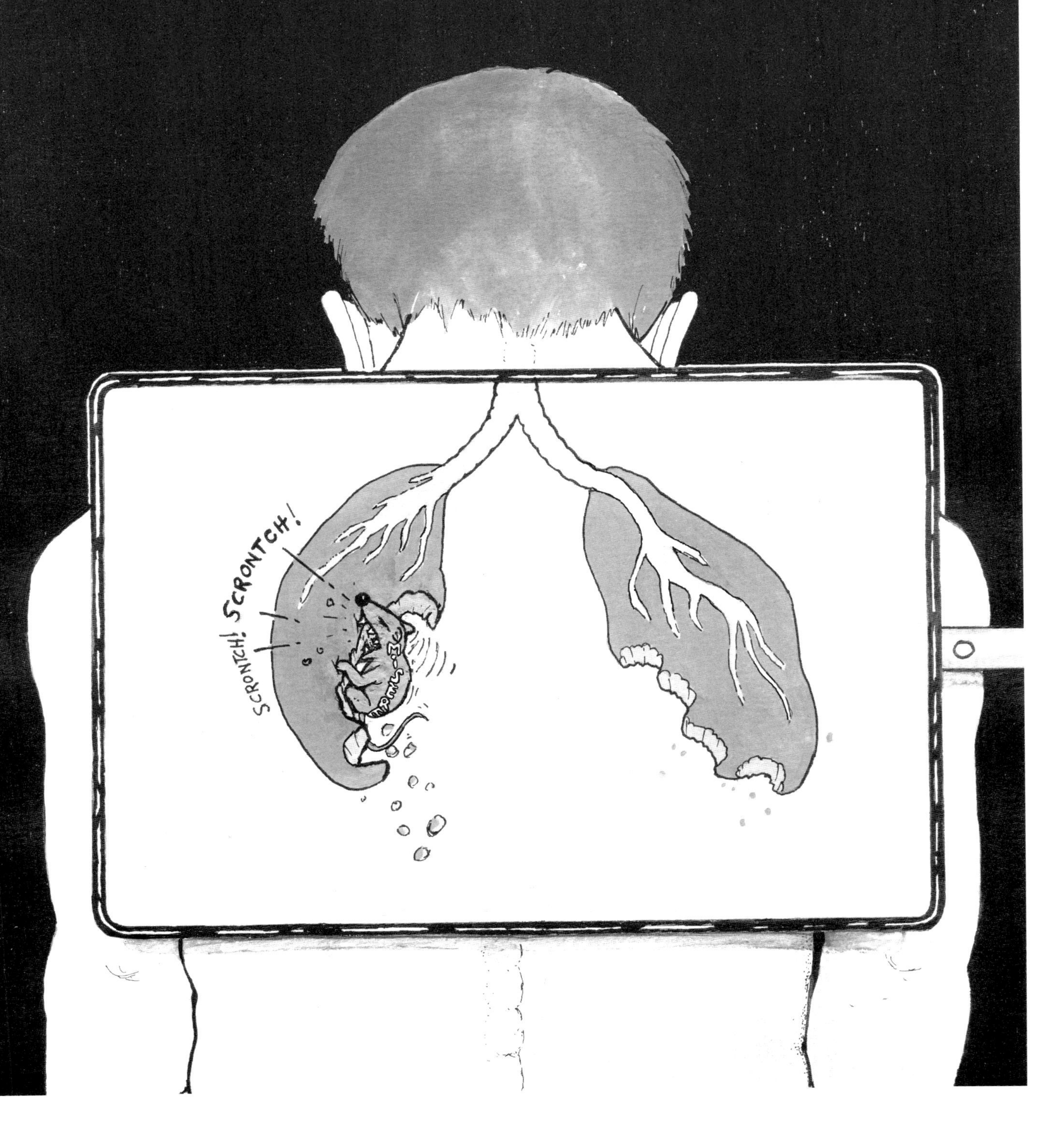

**SALAUDS DE JEUNES !..** **... ON VOUS AURA**

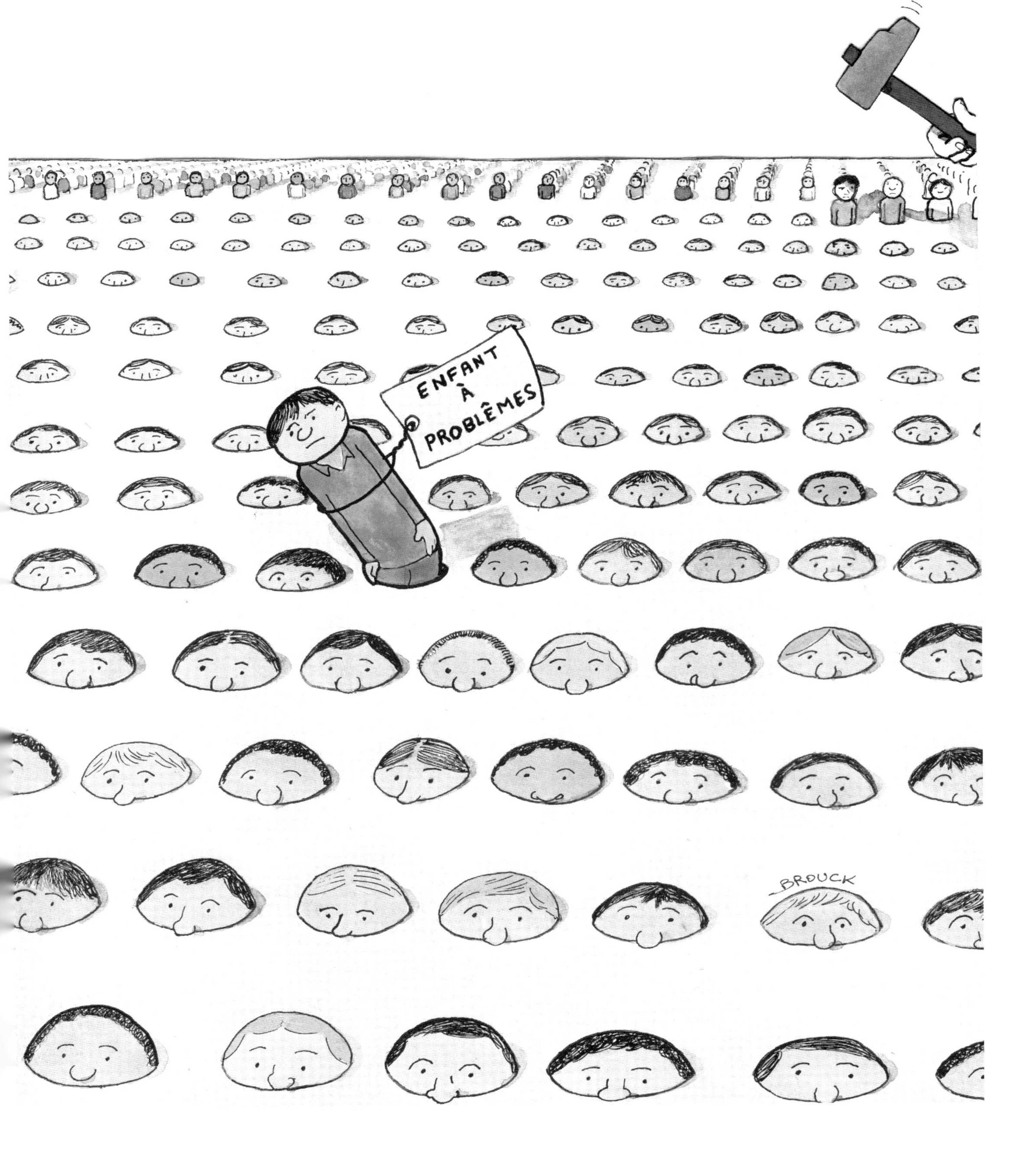
ENFANT
À
PROBLÊMES
BROUCK

pour SUPERLYCÉENS seulement
A N. P. E.
LYCÉE
BROUCK

BROUCK
EC OLE

BONJOUR
JE M'APPELLE
ANDRÉ DUPONT...
JE SUIS FIER DE
PARTICIPER AU
RENOUVEAU DU
SERVICE PUBLIC
SALAIRE

BON!.. RESTRICTION
DE BUDGET! VA FALLOIR
SERRER LES COUDES!.
HOPITAL PUBLIC
BROUCK

BROUCK
SALAIRE
CHOMAGE
2 F. pour manger

RICHES
POLITIQUES
BROUCK

MORTS
PROFITS
AMIANTE
BROUCK

AGRICULTURE
MODERNE
BROUCK

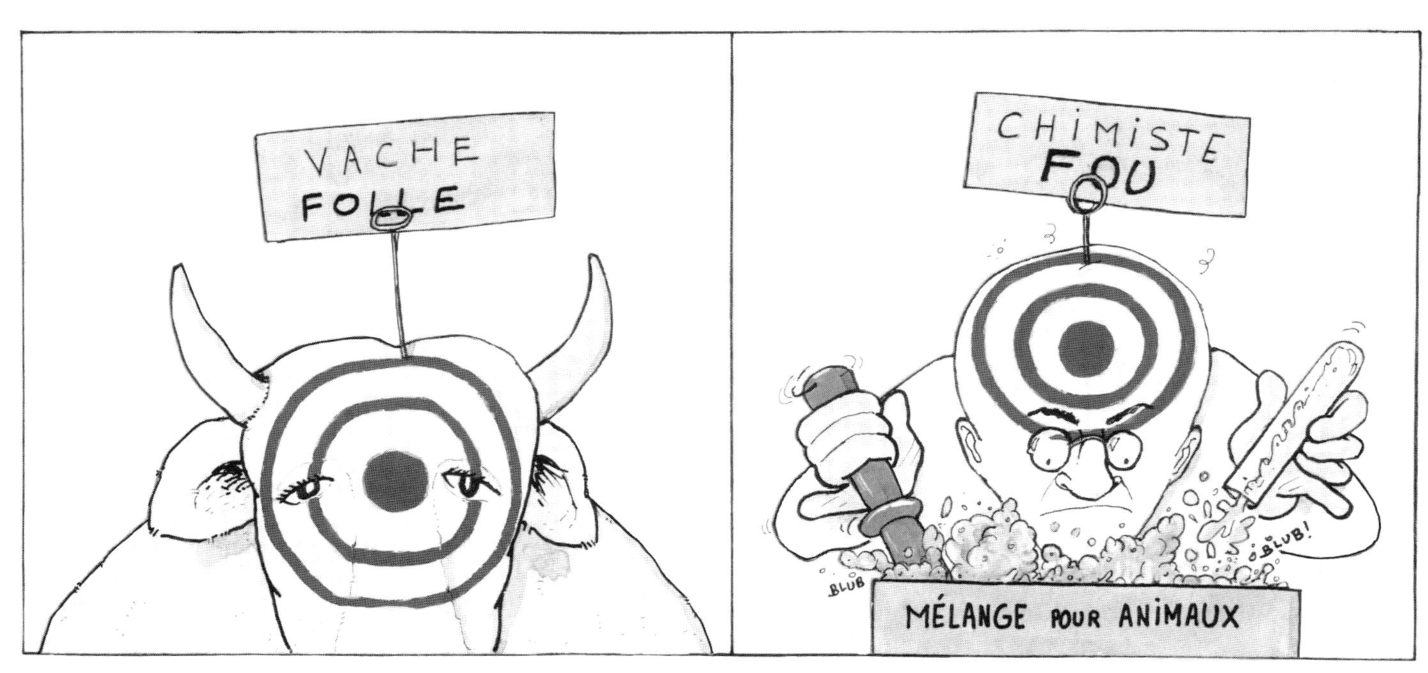
VACHE
FOLLE
CHIMISTE
FOU
BLUB
BLUB!
MÉLANGE POUR ANIMAUX

BONBONS
ATTENTION!
IL N'EST PAS PROUVÉ
QUE LES MOUCHES
NE TRANSPORTENT
PAS LA MALADIE
LAIT

COSMETIQUES
DEVENEZ VEGETARIEN!
IDIOT!.. LES LEGUMES, C'EST PAREIL!
MEUH!.. ENFIN ILS VONT ME LAISSER TRANQUILLE! JE VAIS POUVOIR RETOURNER À L'ÉTAT SAUVAGE!..
BROUCK

**LE SOLEIL BRILLE POUR TOUT LE MONDE !**
**... SUFFIT D'ÊTRE BIEN PLACÉ**

BROUCK

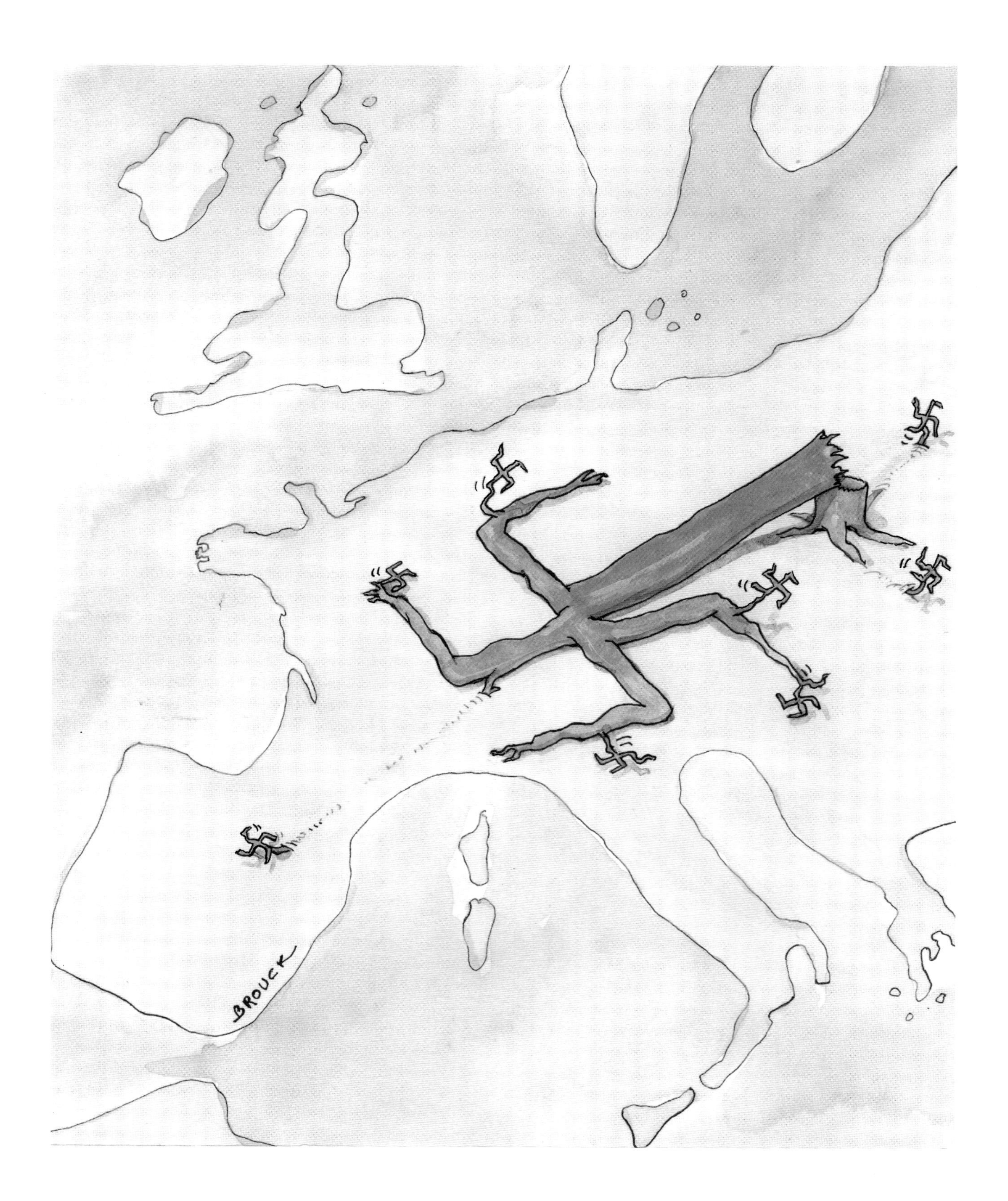
BROUCK

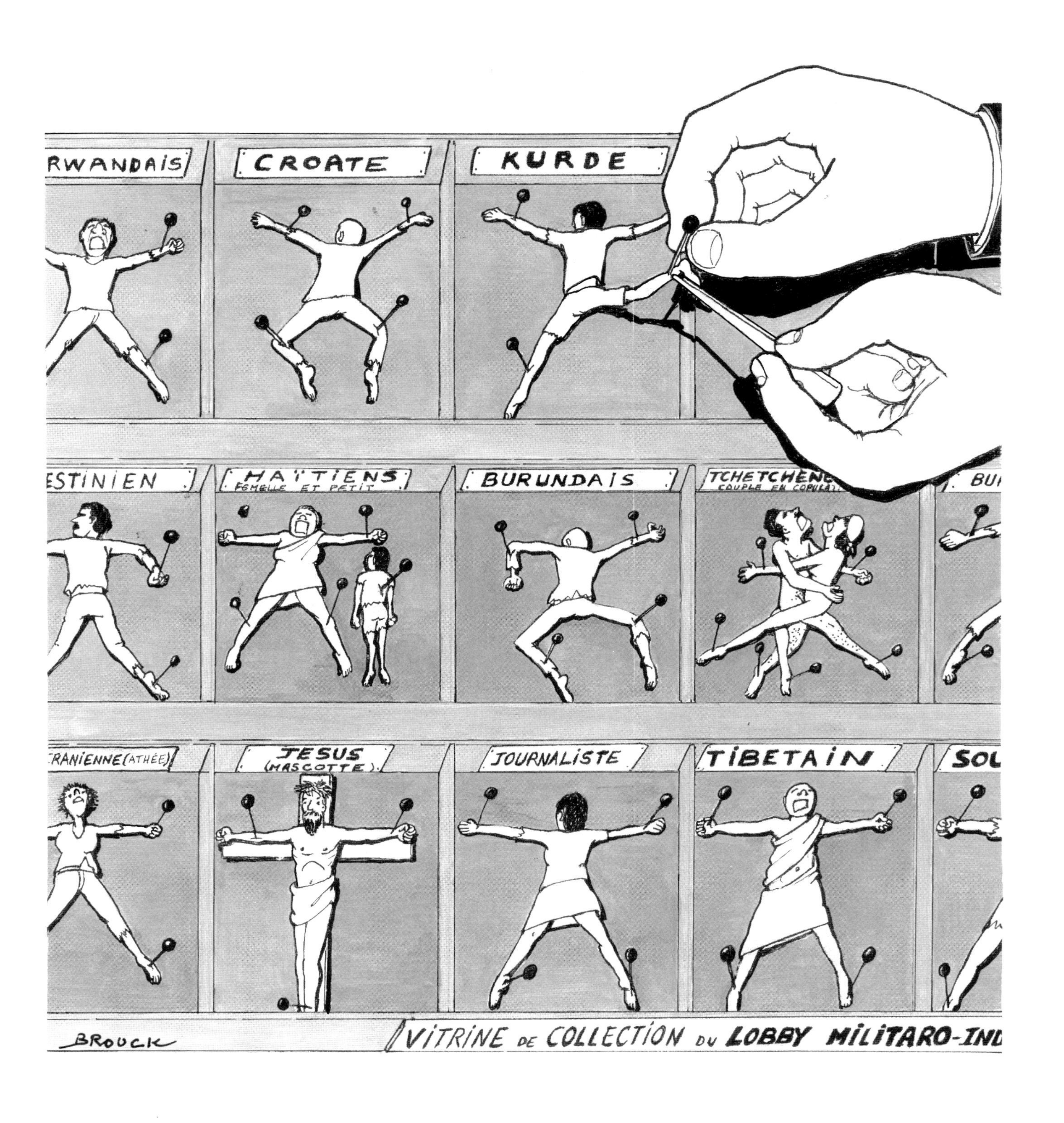
RWANDAIS
CROATE
KURDE
ESTINIEN
HAITIENS
FEMELLE ET PETIT
BURUNDAIS
TCHETCHENS
RANIENNE (ATHÉE)
JESUS
(MASCOTTE)
JOURNALISTE
TIBETAIN
BROUCK
VITRINE DE COLLECTION DU LOBBY MILITARO-IND

# 51 ANS SANS GUERRE MONDIALE

**Depuis 1945, 30 millions de morts dans les guerres du monde entier**

ONU
50 ANS
BROUCK

# TOUCHE PAS À MES RACINES !

BROUCK

HOPITAL
DISPENSAIRE
ECOLE
CRECHE
ECOLE
HOPITAL
SAUVONS NOS
EMPLOIS DANS
LES USINES DE MORT
CGT FO CFDT
BROUCK

MINISTÈRE DÉFENSE
HOPITAL
CASERNE
ECOLE
TROUPIERS
BUS
CASSE
CINÉ
HANGAR AVIONS
LES GUERRES C'EST FINI !!
BROUCK

BROUCK

SALON DE L'EPHÉMÈRE 96 • FONTENAY-SOUS-BOIS

# LE VIRUS DU F.N. SE PROPAGE À UNE VITESSE EFFROYABLE

Principaux modes de transmission : *les médias complaisants*

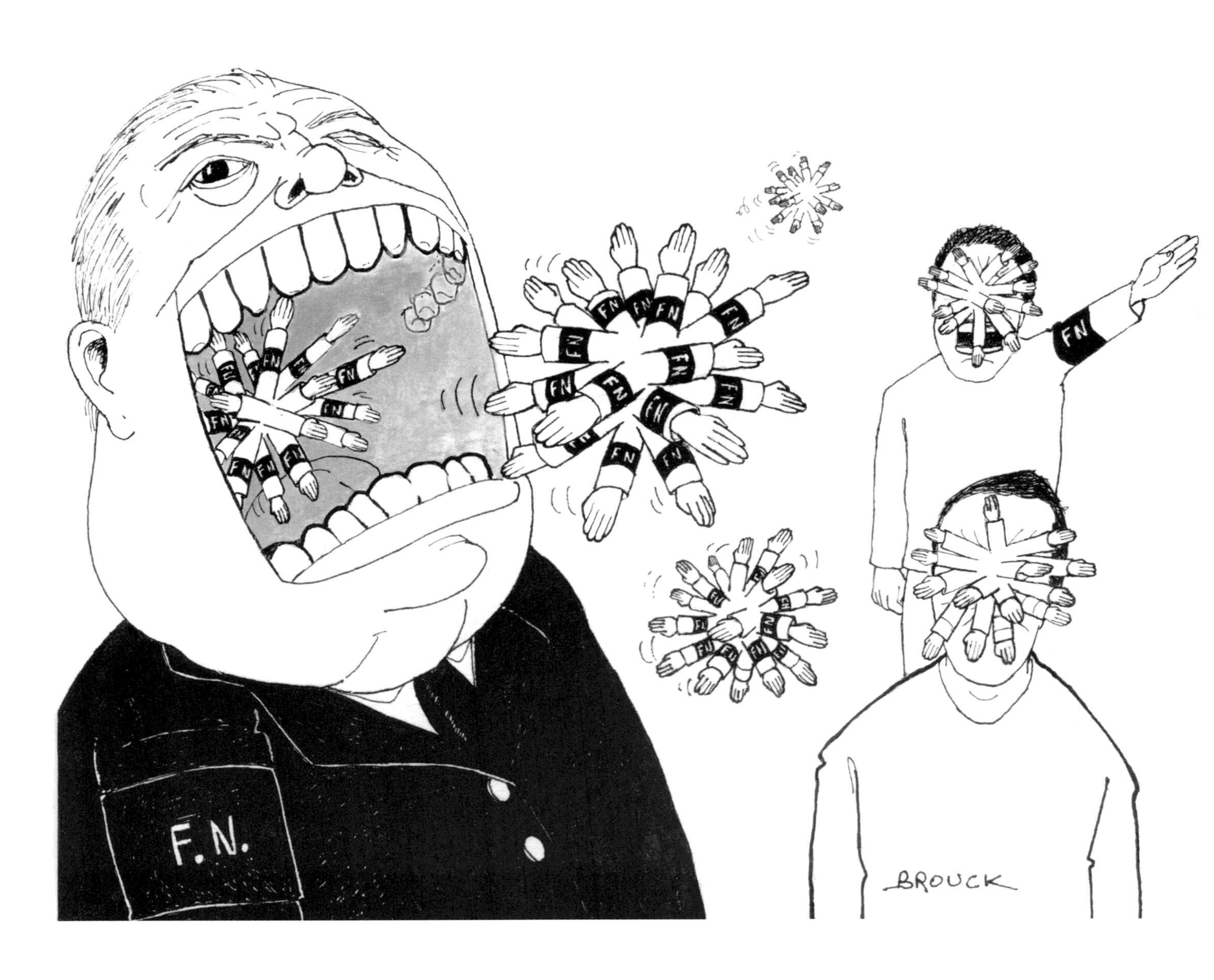

BÊTE IMMONDE
L'ETRANGER
LE PAUVRE
LE PÉDÉ
BROUCK

PARDON!
BROUCK

GINI
CONTRE
LE SIDA

McDONALD'S
CONTRE
LE SIDA

PHILIP MORRIS
CONTRE
LE SIDA

BOUCHERIES BERNARD
CONTRE LE SIDA

NIKE
CONTRE
LE SIDA

TA GUEULE PÉDÉ!
TU PASSES MAL
À LA TÉLÉ!
ACT UP
BROUCK

VOTRE MORALE DISCRIMINE ET TUE!
BROUCK

ARCHI
RIMBAUD
CULTURE POUR TOUS
CINÉ →
ENTRÉE GRATUITE!
BROUCK

ASSOCIATIONS DE QUARTIER
CITÉ MORT AUX FLICS
CITÉ LA BAVUR
CITÉ DE LA HAINE
BROUCK

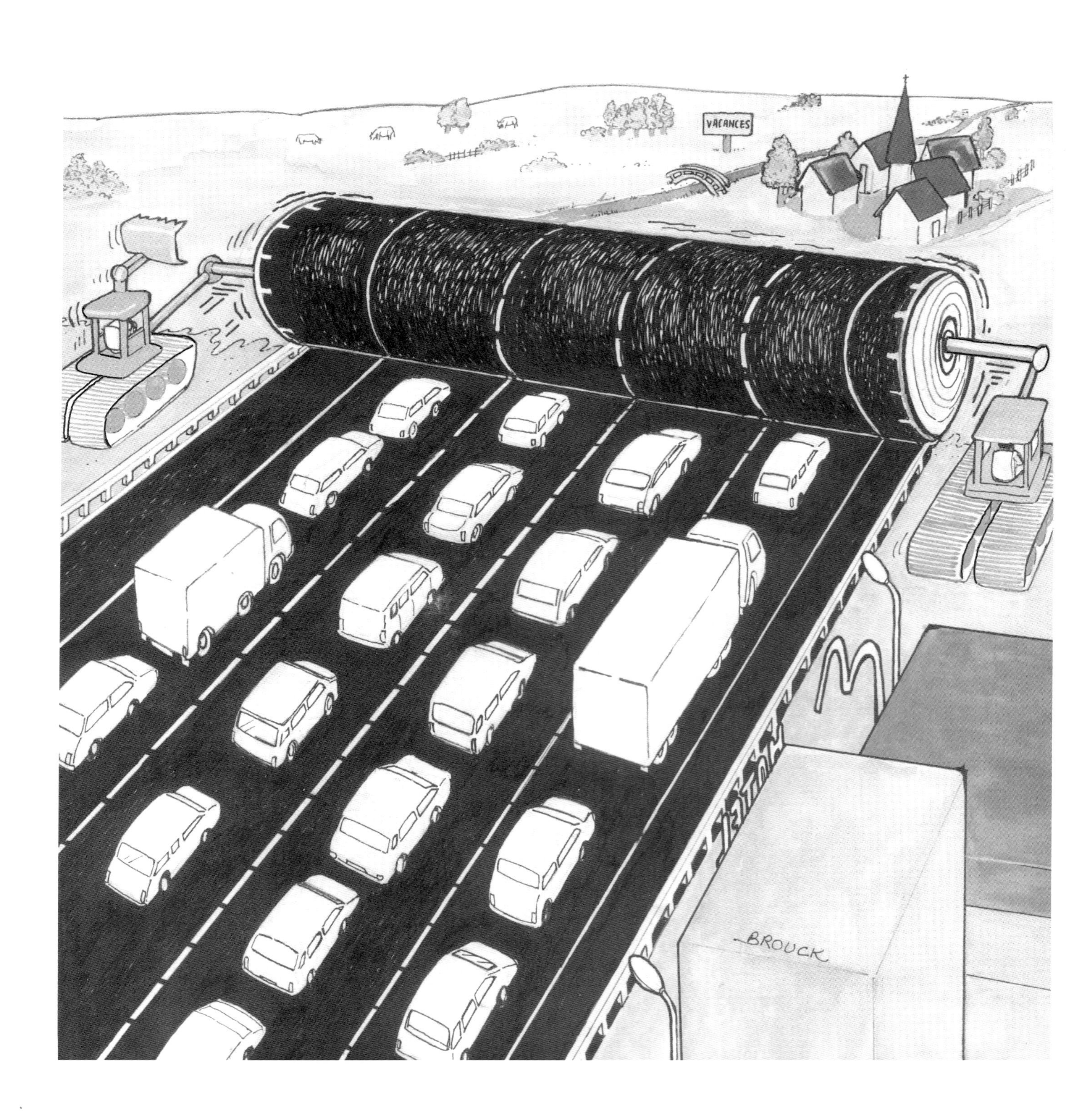
VACANCES
BROUCK

HOTEL
RESIDENCE
HOTEL BEAU RIVAGE
RESIDENCE
RESIDENCE
FRONT DE MER
BROUCK

LES MISERABLES
CHAPITRE V
IL ETAIT DEJA TARD MAIS COSETTE PARTIT NEANMOINS PLEINE D'APPRÉ-
BZZ
VIDEO
TOUT Victor HUGO
BROUCK

BROUCK
AU S'COURS Y'A PERSONNE

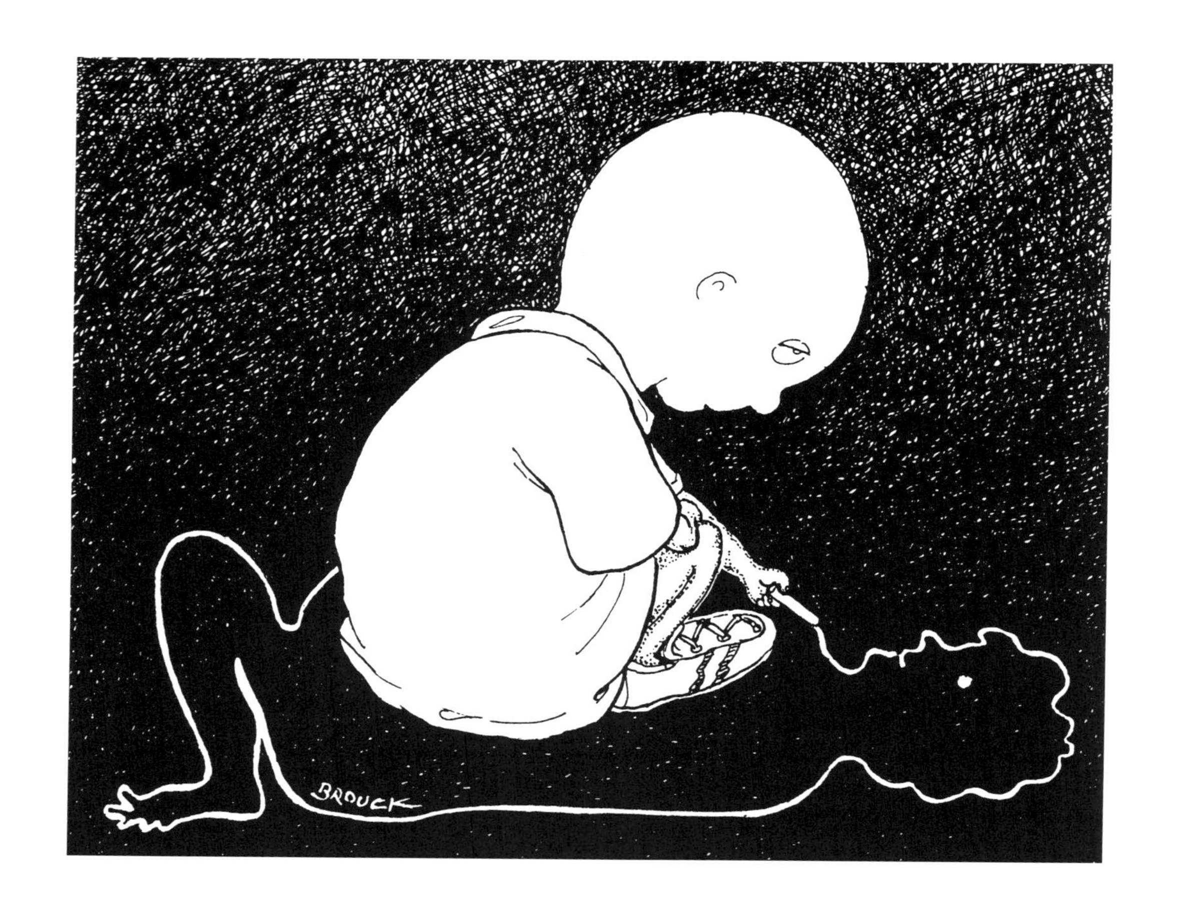
BROUCK

GLUPS...

LOTO
BROUCK

BROUCK

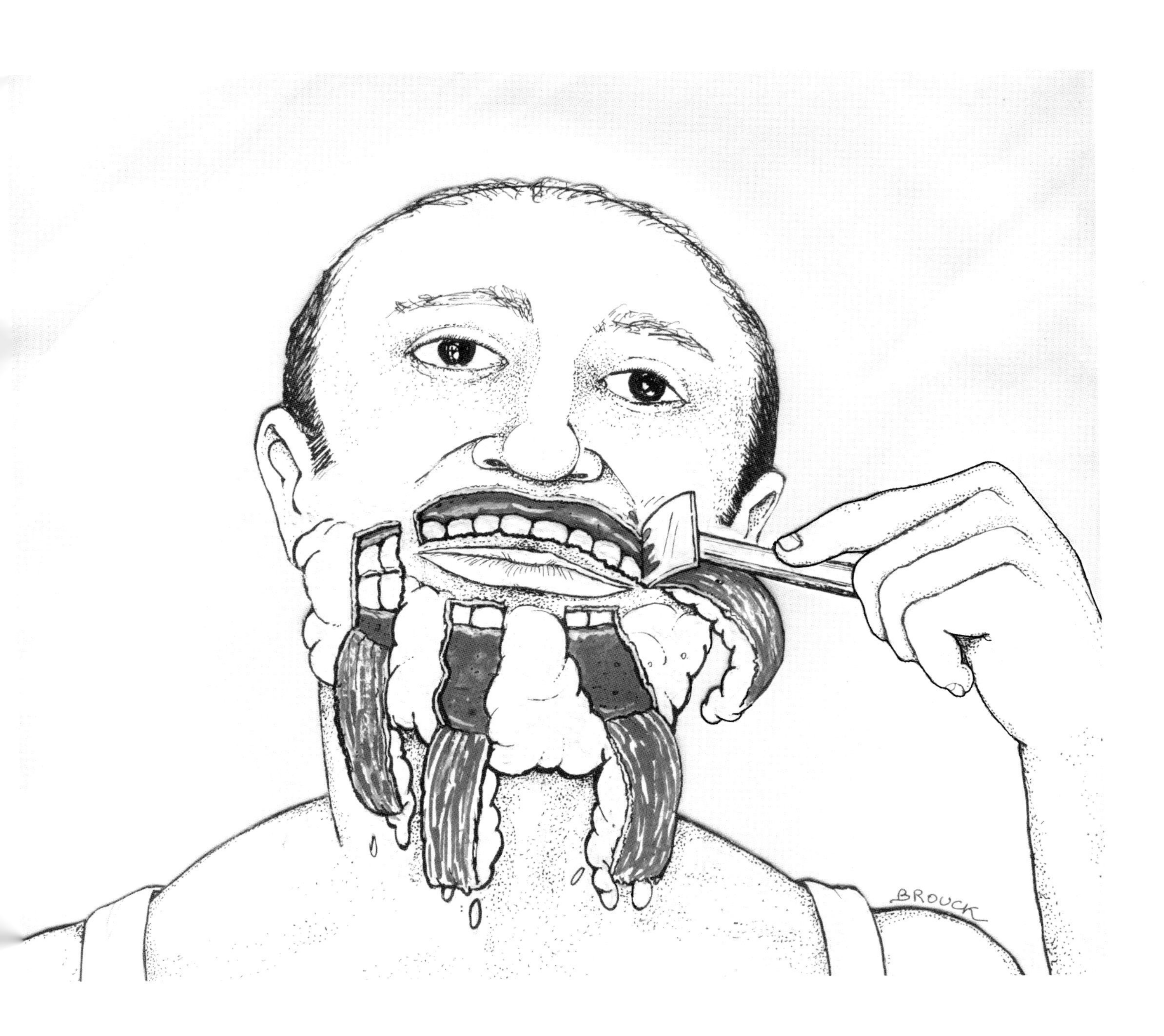
BROUCK

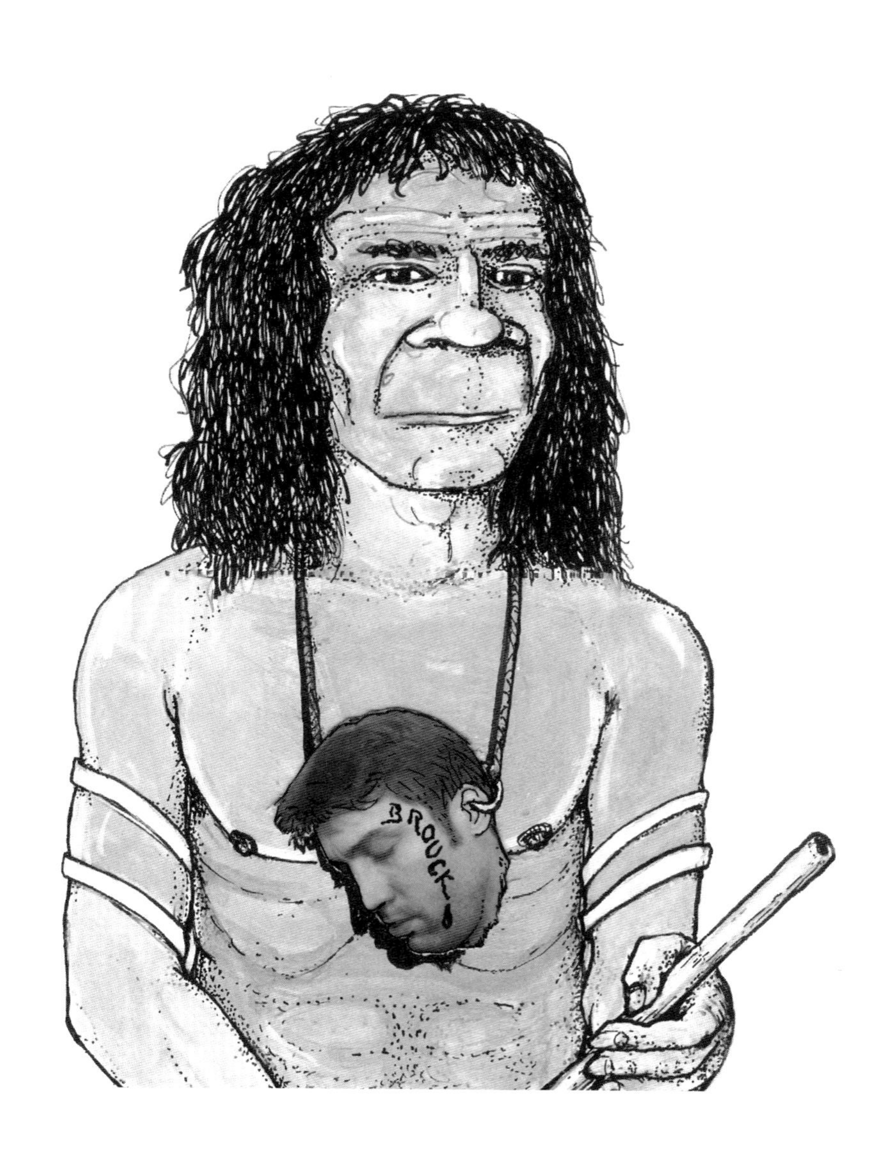
BROUCK

Merci à ATHOS Christophe Delvallé pour la maquette
et la photogravure (OPUS CONCEPT 33380 Marcheprime)
Merci à PORTOS Fred Coconut pour son aide
Merci à ARAMIS Yves Barros pour la préface

Achevé d'imprimer par Corlet, Imprimeur, S.A.
14110 Condé-sur-Noireau (France) - N° d'Imprimeur : 52424

93

95

AVRIL 97

A NE PAS MANQUER

**Lionel BROUCK**
131, rue de Verdun
95240 CORMEILLES-EN-PARISIS
Tél et Fax : 01 34 50 04 70

BOUCHERIE
BOUCHERIE TRIPERIE CHARCUTERIE VOLAILLES
chez Li PENG
TIBÉTAINS FOURRÉS !
PURÉE DE DISSIDENTS

BOUCHERI
BOUCHERIE J.
BROCHETTES DE MALIENS !
POLYNÉSIENS AUX REMS !

BOUCHERIE chez BiLL
ROTISSERIE
FRIED NEGERS !
ROASTED CHICANOS !

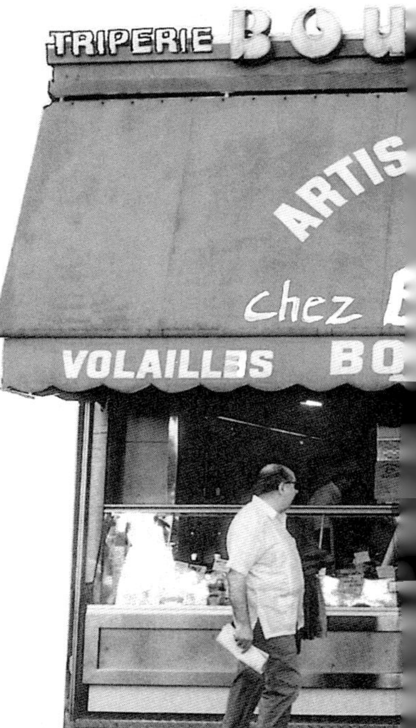
TRIPERIE BOU
ARTIS
chez B
VOLAILLES BO

لحم حلال
BOUCHERIE
ISLAMIQUE
مجزرة إسلامية
BOUCHERIE MUSULMANE
KURDES KEBBAB !
FEMMES CONGELÉES !

Bouc
chez O